MECE Workbook

MECE 워크북

EDITION 2

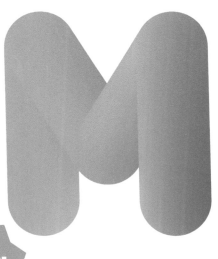

한정판

Learning & Growth

빈 칸을 채우고 싶은데…

목차

1장

MECE 개념

MECE란?

MECE란?

1. MECE는 각 요소나 항목들이 상호간에 겹치지 않으면서도, 모두 합치게 되면 전체가 된다는 개념입니다. 다음 벤다이어그램으로 설명한다면 A, B, C의 교집합은 공집합인데 A, B, C의 합집합은 전체집합이 되는 것을 의미합니다.

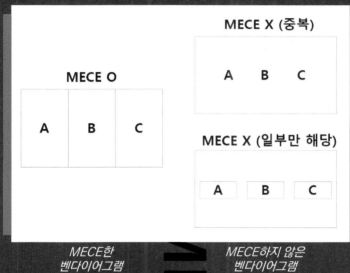

*MECE한
벤다이어그램*

*MECE하지 않은
벤다이어그램*

2. 각 요소는 꼭 3개일 필요는 없습니다. '있다'와 '없다'처럼 2개로 구성된 것도 많이 있고 4개 이상의 요소로 구성된 것도 많이 있습니다. 다만 업무적으로 활용할 땐 온전한 MECE가 아니라, 중요하다고 생각한 것들이 약 80% 이상 포함되어 있으면 'MECE'하다고 생각하고 그 다음 단계로 넘어가는 경우가 많습니다.

MECE 활용

MECE란 개념을 바탕으로 업무에 활용할 때 사용하는 툴이 로직트리(Logic tree) 또는 이슈트리(Issue tree)입니다. 많은 기획서나 보고서 쓰는 법에선 보통 MECE와 로직트리를 쌍으로 소개합니다. 왜냐하면 실제로 업무에 활용하여 보이는 산출물로 정리하는 것이 로직트리이기 때문입니다. 로직트리는 다음 그림과 같이 특정 주제, 문제, 상황에 대해 트리 형태로 MECE하게 나누어 정리한 것입니다.

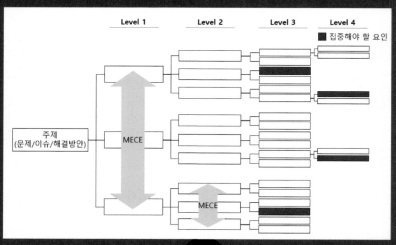

로직트리는 우선순위를 정해 집중할 요인을 찾는 등 다양하게 활용됩니다. 이 때 로직트리를 어느 정도 단계까지 나누어야 하는지는 정해진 것이 없습니다. 개인 또는 팀이 직접 통제할 수 있는 수준까지 나누면 되어서 숙련도에 따라 상대적으로 정해지기 때문입니다.

예를 들어 리서치 회사에서 10년 이상 근무한 사람이라면 '설문지 설계'라는 말로 끝날 수 있는 업무지만, 신입사원은 어디서 무엇을 어떻게 준비해야 하는지 세세한 것까지 신경을 써야 할 수 있기 때문입니다.

다만 MECE를 고려하면서 로직트리를 그릴 때 유의사항이 한 가지가 있는데 그것은 동질성을 충족시켜야 한다는 것입니다. 친구들이 함께 모여 식사 장소를 정하려고 하는데 어떤 종류가 있을지 각자 서로 다른 것을 이야기 하기로 했습니다. 그래서 첫 번째 친구는 '한식', 두 번째는 '중식', 세 번째는 '일식'이라고 했는데 마지막 친구가 '카페'라고 얘기했다면 어색함을 느낄 것입니다. 그 이유는 '식'으로 끝나는 식사 종류를 이야기 하고 있는데 갑자기 음료 범주에 해당하는 말을 했기 때문입니다.

MECE를 어디에 써먹지?

1. 선배를 벤치마크 할 때

기술 영업직으로 입사한 나열심이 있었습니다. 운이 좋게도 사수인 전똑똑은 회사 내 역량과 성과가 모두 좋은 선배였습니다. 그래서 나열심은 전똑똑이 어떻게 일을 하는지 배우기로 결심하고 선배를 분석합니다.

'고객을 만나기 전엔 최근 기술 트렌드 및 원자재 시황 자료를 준비하는구나~'

'고객을 만나선 바로 업무 얘기를 하지 않고 고객의 가족이나 고객사 직원 분들의 안부를 묻는구나~'

나열심은 전똑똑에게 고객을 만나기 전의 준비, 고객을 만나 바로 딱딱한 주제를 얘기하느라 심각해지지 않는 것, 이 두 가지를 잘 하면 자기도 영업을 잘할 수 있는지 물어봤습니다. 그런데 전똑똑은 놓친 것을 짚어주었습니다.

"고객이 나(전똑똑)를 좋아한다면 그 이유는 열심씨가 말한 것도 있겠지만, 내가 고객과 오늘 미팅했으면 내일이 되기 전에 오늘 미팅 내용을 요약하고 어떻게 팔로우업 할 것인지 정리해 메일로 보내기 때문일거야"

나열심이 '전-중'만 생각했다고 하면 전똑똑은 '전-중-후'로 MECE하게 생각할 수 있었습니다.

2. 설문조사 할 때

임직원의 출퇴근 방법을 3일 내 조사하려는 인사팀의 홍인사가 있었습니다. 전 임직원 수는 1,000명. 기간 내 전 직원 인터뷰를 하기 어려워 설문조사를 하기로 했고, 답변을 받기 편하게 객관식으로 문항을 설계했습니다.

질문〉 '귀하는 출퇴근할 때 주로 이용하는 교통수단은 무엇인가요? 가장 많이 이용하는 것을 하나만 선택해주세요'
답〉 1)버스 2)지하철 3)택시 4)도보

홍인사가 이렇게 객관식 보기를 주게 되면, 오토바이, 전동킥보드, 자전거 등을 타고 출퇴근 하는 사람은 고르기 어렵습니다. 당연히 분석의 품질도 낮아지고요. 혹자는 이렇게 물을 수 있습니다.

'5) 기타를 추가하면 되지 않나요?'

가능합니다. 그런데 기타를 고르는 사람이 예상했던 것보다 많아 30%, 40%가 된다면 의미 있는 분석을 하기 어렵습니다. 그래서 '기타'를 없애는 것이 좋은데, 그렇다고 8지 선다 이상으로 만드는 것을 권장하지도 않습니다. 조사하려는 목적을 생각하고 가설을 잘 세워 문항 및 답변을 설계하되, 중요한 것들은 빠지지 않도록 생각하는 것이 중요합니다. 이럴 때 MECE하게 생각하는 것이 유용합니다.

3. 현황 분석 보고서 쓸 때

업계에서 많이 쓰거나 공신력이 있는 프레임워크(또는 비즈니스 툴)를 활용해도 MECE하게 조사하고 분석할 때 도움됩니다. 생활용품 제조회사에 신입으로 입사한 홍생활은 시중에 유통되는 프리미엄 치약에 대해 분석하라는 업무를 받았습니다. 그래서 덴티스테, Vussen 등 여러 제품들의 성분도 보고 포장도 보며 **제품**을 분석했습니다. **가격**대가 어떻게 형성되어 있는지도 분석했습니다. 온라인 및 오프라인을 샅샅이 뒤져가며 어느 **유통 채널**에서 많이 판매되는지도 분석하여 팀장님에게 보고했습니다. 이 때 팀장님이 보고서를 보고 한 마디를 합니다.

"Product, Price, Place는 잘 정리한 것 같은데, Promotion은 없나요?"

팀장님은 마케팅에서 많이 활용하는 4P를 생각하며 보고서를 읽었고, 자연스럽게 누락된 것이 보였던 것입니다.

MECE하게 생각하는 것은 지식이 많다고, 머리가 좋다고 더 잘할 수 있는 것은 아닙니다. 의식적으로 연습하는 것이 더 중요합니다. 즉 숙련도가 필요하며 이에 대해 99% 확신합니다. 고등학교를 갓 졸업한 대학생 인턴이 약 1개월 동안 연습을 많이 한 후엔 유명 MBA 출신보다 MECE하게 더 잘 생각하고 토론에 참여하는 것을 여러 번 경험해봤기 때문입니다.

자 이제부터 MECE 연습을 시작해보시죠.

2장

MECE 연습

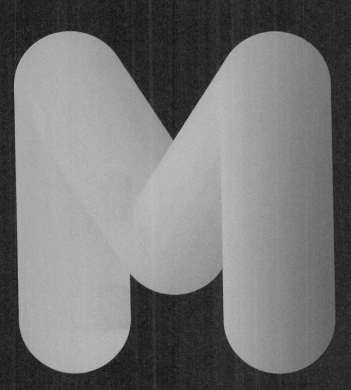

MECE 연습 1 – 빈 칸 채우기 (기초)

how to practice

빈 칸 안에 적절한 단어를 넣어주세요.

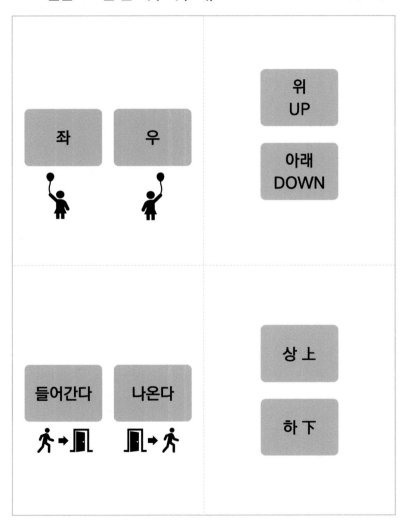

내부(in)	?	?	여성 👩
이성적 (Rational)	?	?	단점

내부(in)　외부(out)	남성 😀　여성 👧
이성적 (Rational)　감성적 (Emotional)	장점　단점

| 엄마 | ? | ? | 온탕 |

| ? | 닫기 (Close) | 찬성 O | ? |

| 엄마 | 아빠 | 냉탕 | 온탕 |

| 열기 (Open) | 닫기 (Close) | 찬성 O | 반대 X |

| 빛 | ? | ? | 결과 |

| 탄생 | ? | 두괄식 | ? |

빛	어둠	원인	결과

탄생	죽음	두괄식	미괄식

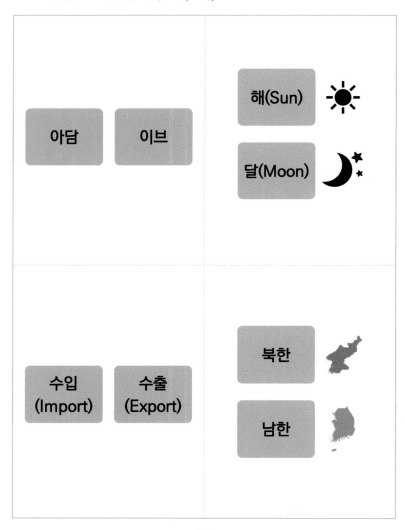

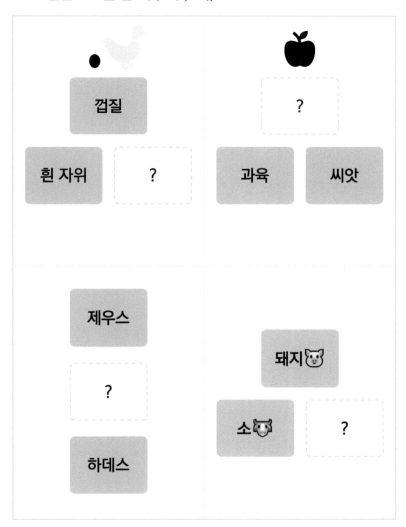

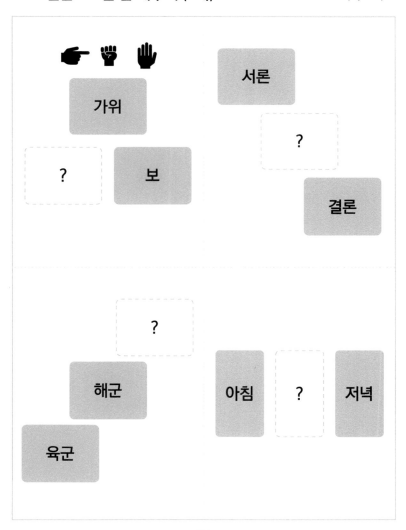

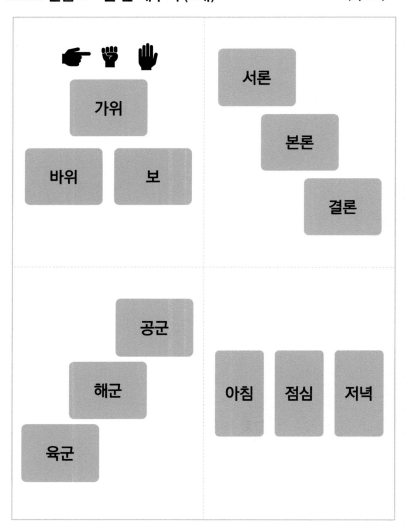

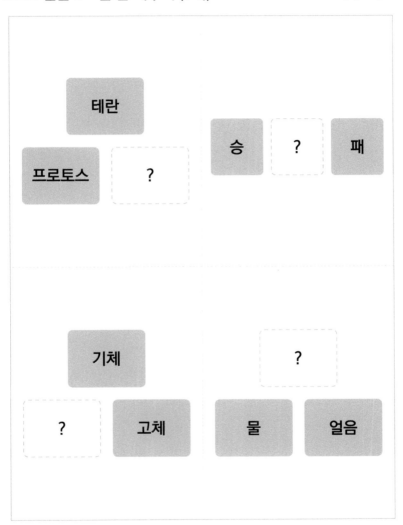

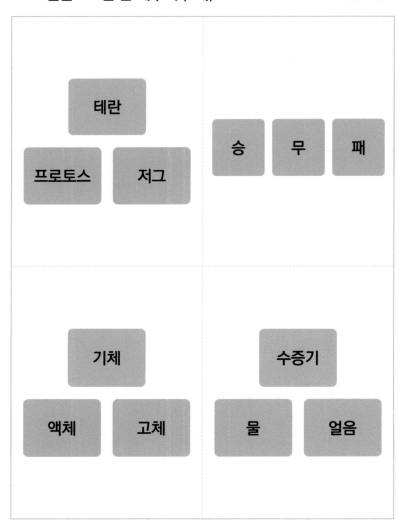

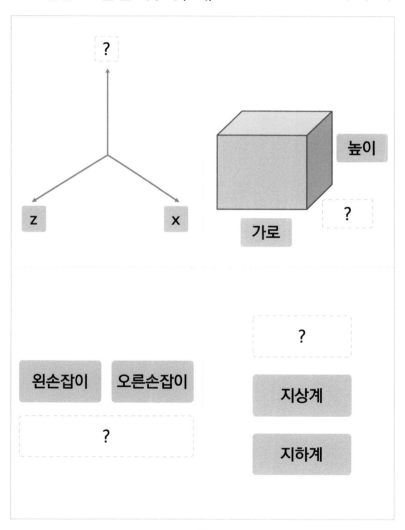

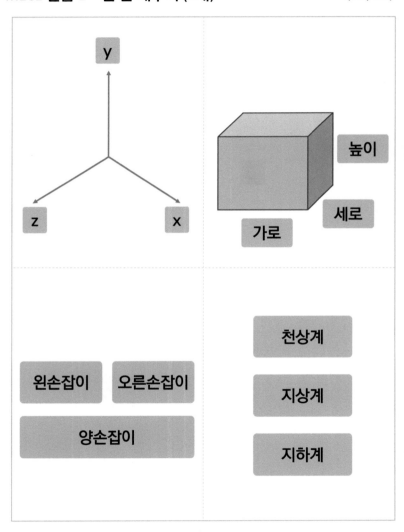

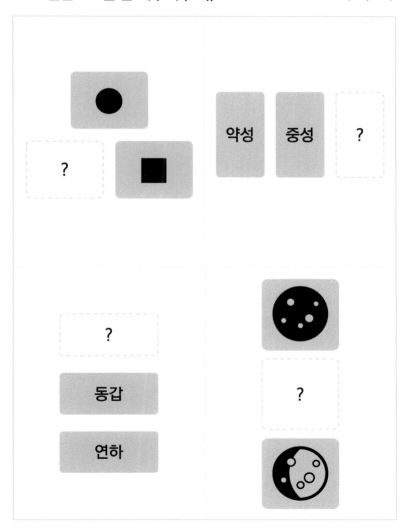

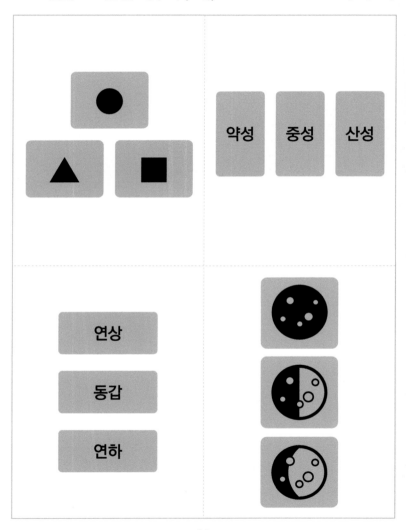

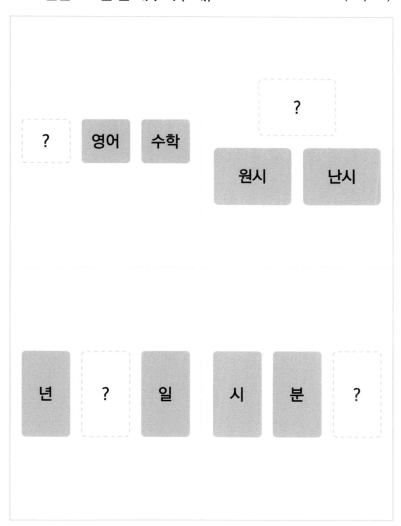

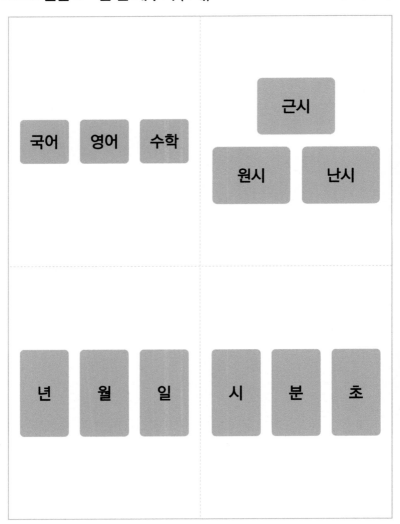

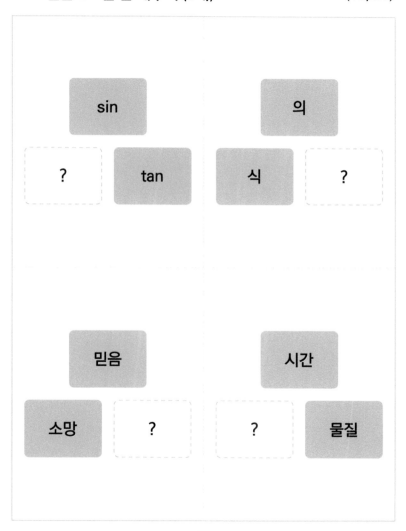

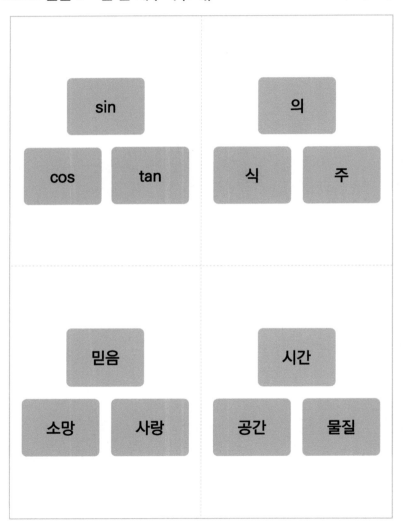

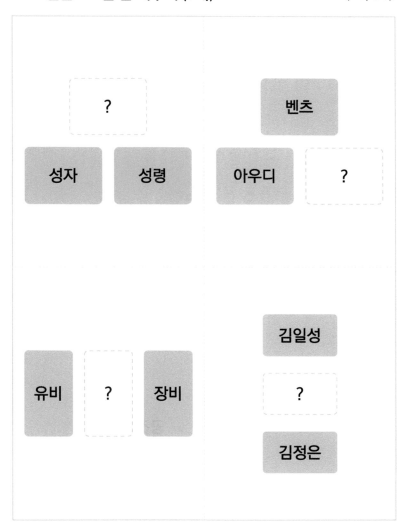

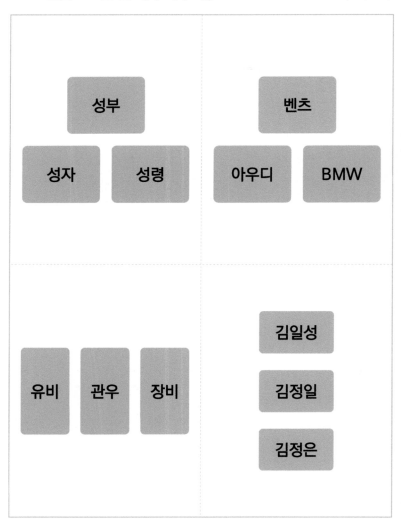

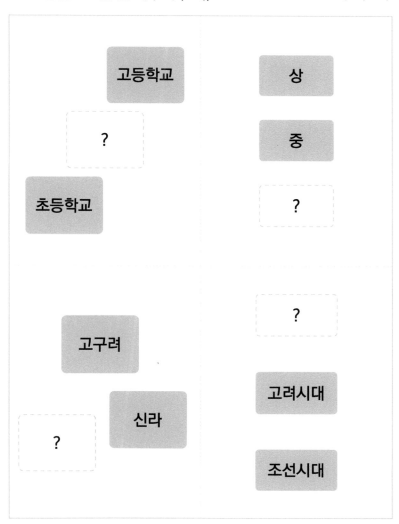

고등학교

상

중학교

중

초등학교

하

고구려

삼국시대

신라

고려시대

백제

조선시대

상사 ≫	?　♦♦♦
중사 ≫	중위 ♦♦
?　∨	소위 ♦

	?　★★★★
대령 ★★★	중장 ★★★
?　★★	소장　★★
소령　✦	준장　★

상사 ≫

중사 ≫

하사 ∨

대위 ♦♦♦

중위 ♦♦

소위 ♦

대령 ★★★

중령 ★★

소령 ★

대장 ★★★★

중장 ★★★

소장 ★★

준장 ★

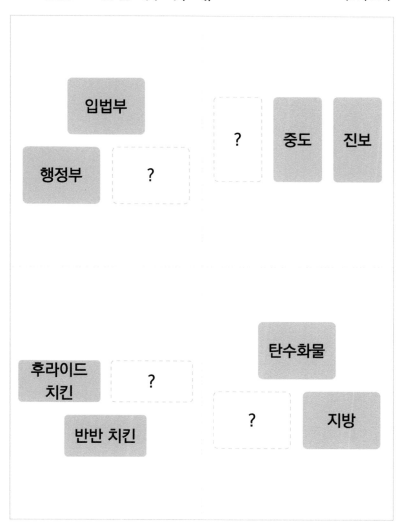

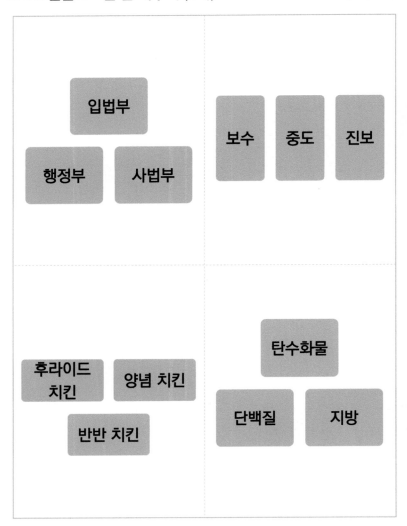

입법부

행정부　사법부

보수　중도　진보

후라이드 치킨　양념 치킨

반반 치킨

탄수화물

단백질　지방

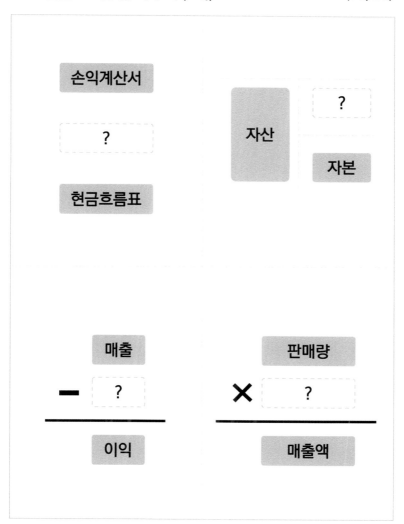

MECE 연습 1 – 빈 칸 채우기 (3개)

손익계산서

재무상태표

현금흐름표

자산 | 부채
자산 | 자본

매출
− 비용
이익

판매량
× 판매가격
매출액

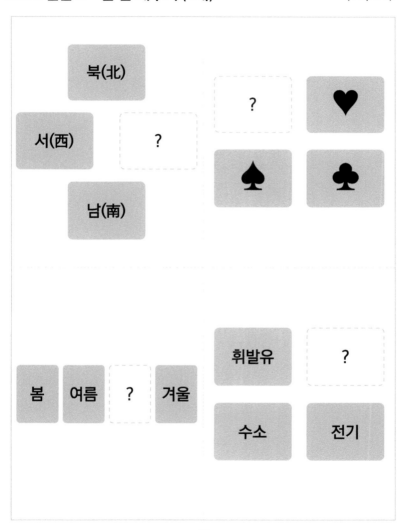

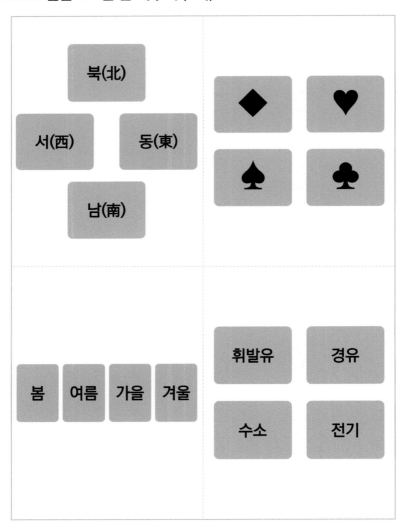

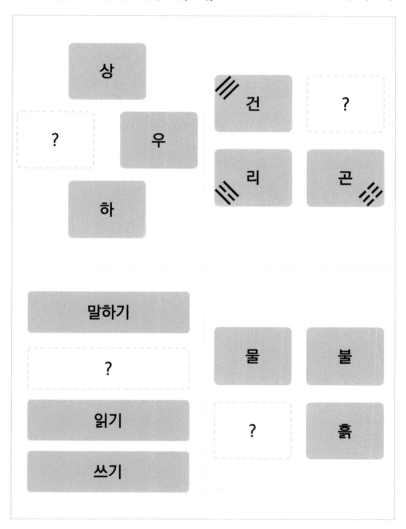

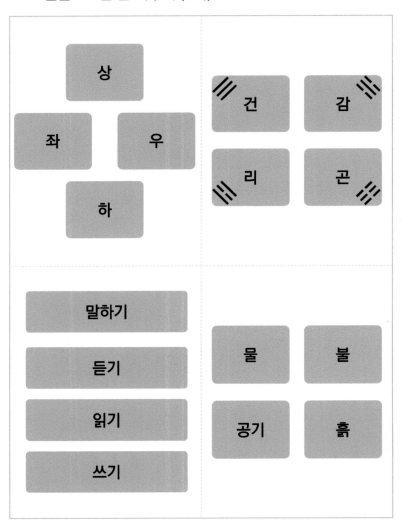

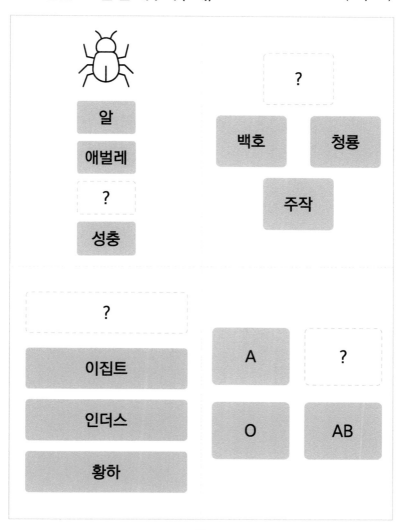

알

애벌레

번데기

성충

현무

백호　　　청룡

주작

메소포타미아

이집트

인더스

황하

A　　　B

O　　　AB

빈 칸 채우기 – 심화

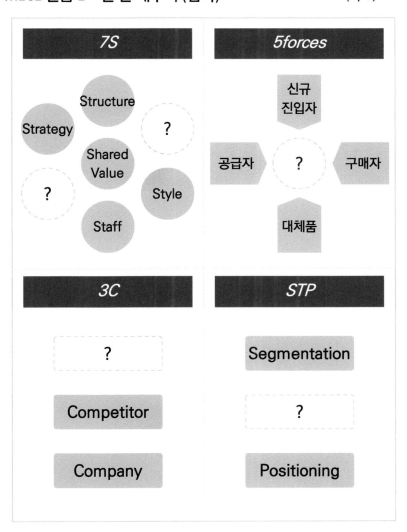

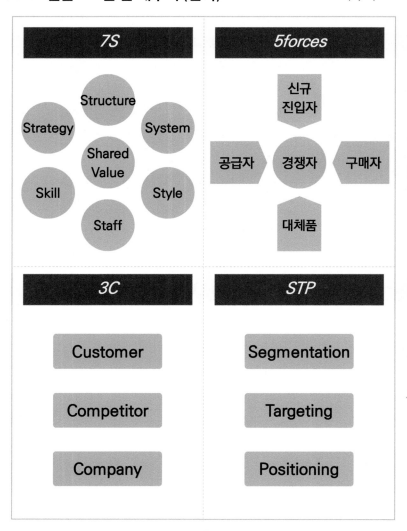

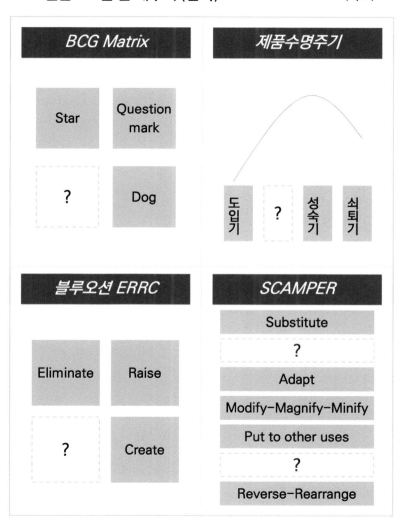

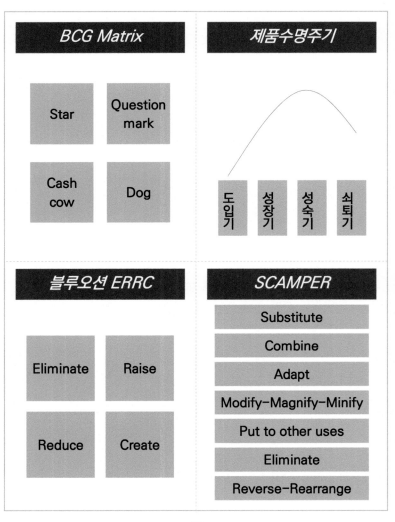

Ansoff Matrix

	기존 제품	신제품
신시장	시장 개발	다각화
기존 시장	시장 침투	신제품 개발

위험도

마케팅 3B 법칙

Beauty

Beast

Baby

4대강 종류

한강

금강

낙동강

영산강

국가의 3요소

국민

영토

주권

시의 3요소

| 의미적 기능 | 음악적 기능 | ? |

음악의 3요소

| ? | 선율 | 화성 |

색의 3요소

| 색상 | 명도 | ? |

소리의 3요소

| ? | 음고 | 음색 |

시의 3요소

의미적 기능　음악적 기능　회화적 기능

음악의 3요소

리듬　선율　화성

색의 3요소

색상　명도　채도

소리의 3요소

음량　음고　음색

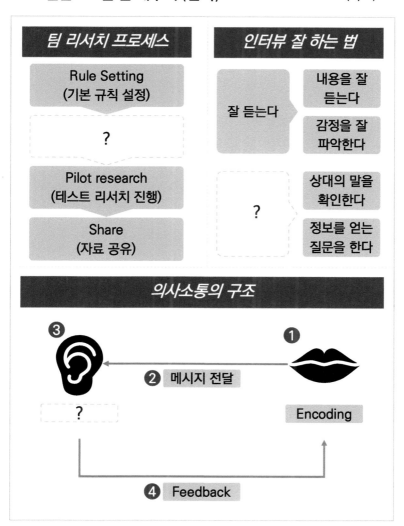

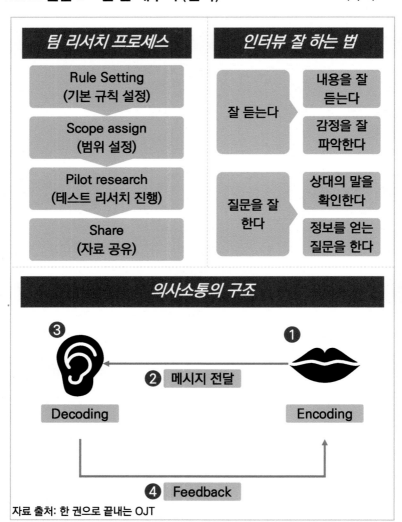

팀 리서치 프로세스

Rule Setting
(기본 규칙 설정)

Scope assign
(범위 설정)

Pilot research
(테스트 리서치 진행)

Share
(자료 공유)

인터뷰 잘 하는 법

잘 듣는다 → 내용을 잘 듣는다

잘 듣는다 → 감정을 잘 파악한다

질문을 잘 한다 → 상대의 말을 확인한다

질문을 잘 한다 → 정보를 얻는 질문을 한다

의사소통의 구조

❸ Decoding

❷ 메시지 전달

❶

❹ Feedback

Encoding

자료 출처: 한 권으로 끝내는 OJT

MECE 연습 2 - 그룹핑 해보기 (기초)

how to practice

정렬 되지 않은 단어들을 살펴보고, 연관된 단어들끼리
그룹핑 해주세요.

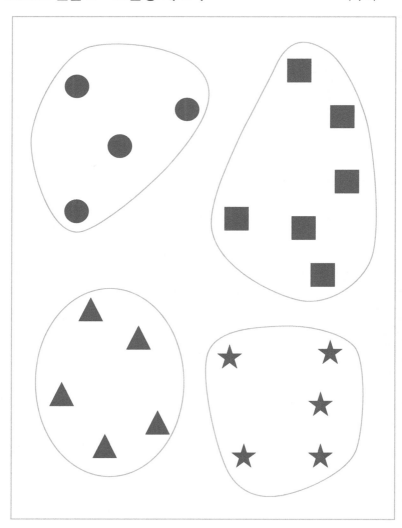

1

ㄱ

2

ㄴ

ㄷ

3

B

I

C

I I

A

I I I

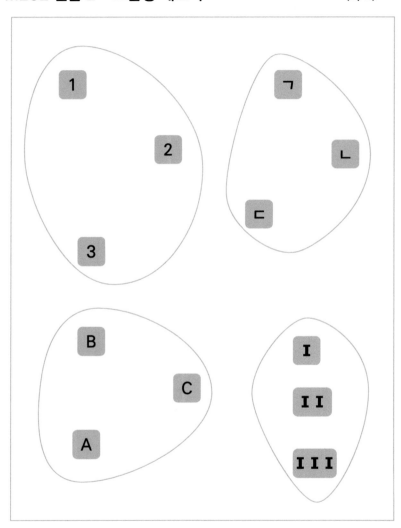

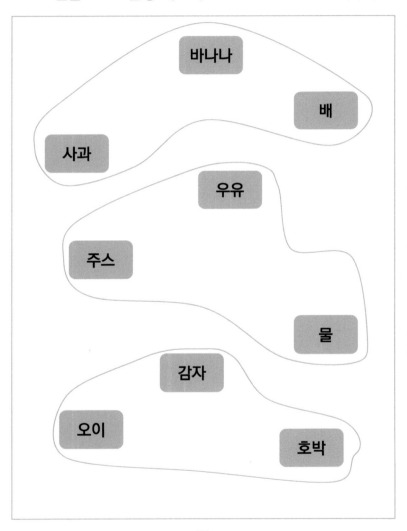

가드

공격수

내야수

미드필더

투수

센터

외야수

수비수

포워드

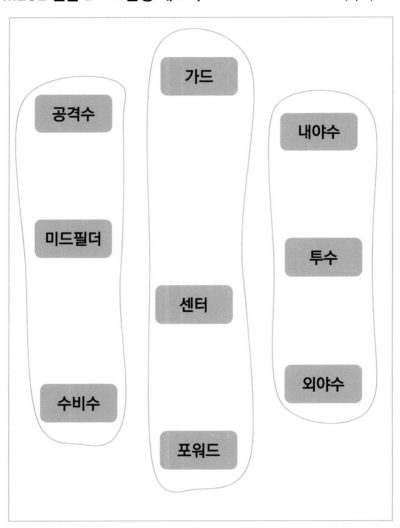

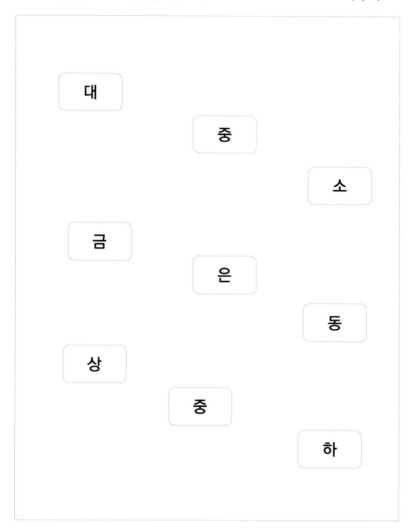

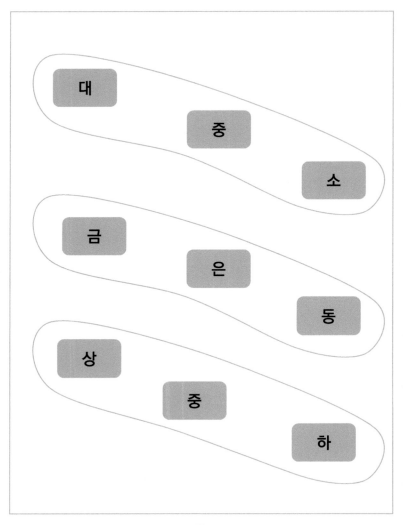

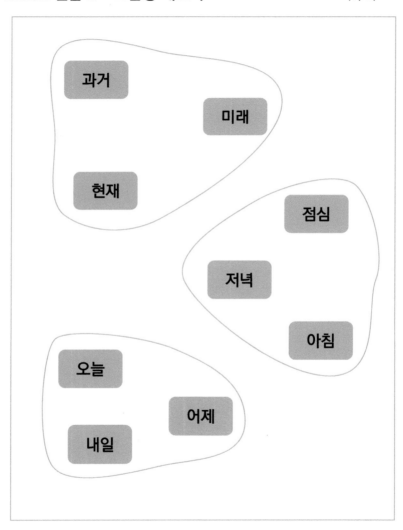

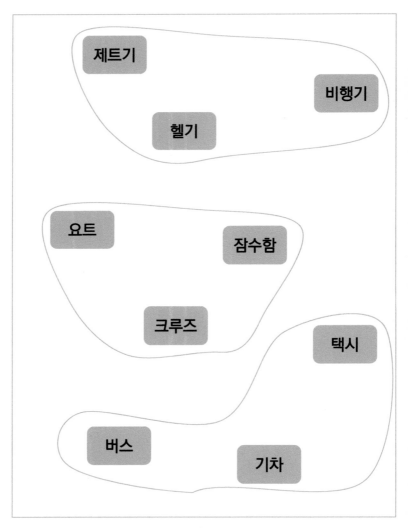

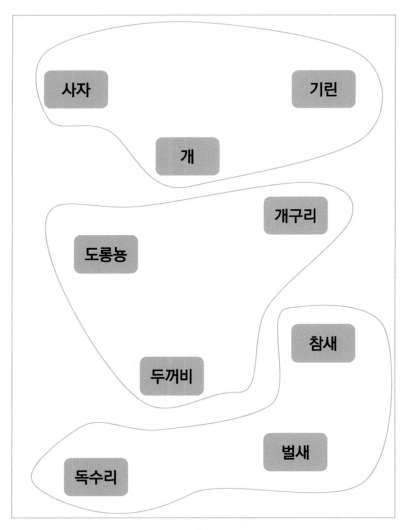

그룹핑 해보기 - 심화

신체 구성

눈　　　귀

입

코

위

간

췌장　　　십이지장

맹장

혈장

혈구

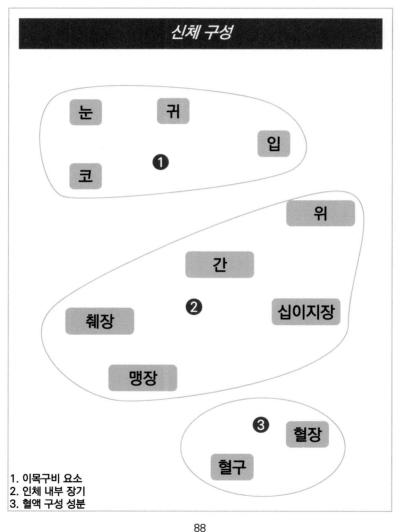

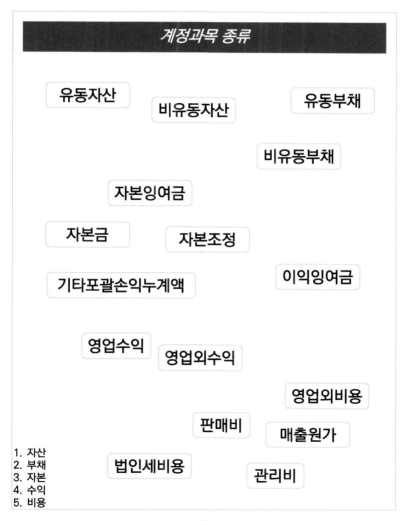

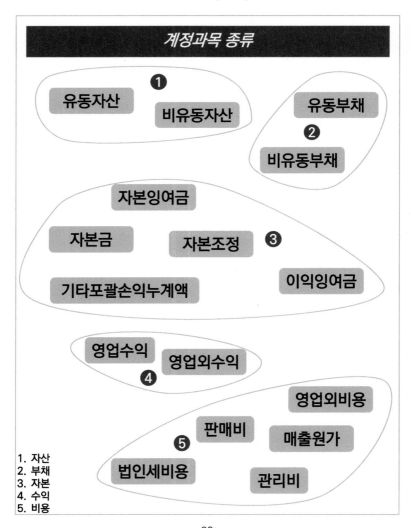

병원 진료과 구분

호흡기내과

신장내과

감염내과

순환기내과

신장내과

내분비내과

소화기내과

혈액종양내과

흉부외과

신경외과

정형외과

성형외과

산부인과

비뇨기과

이비인후과

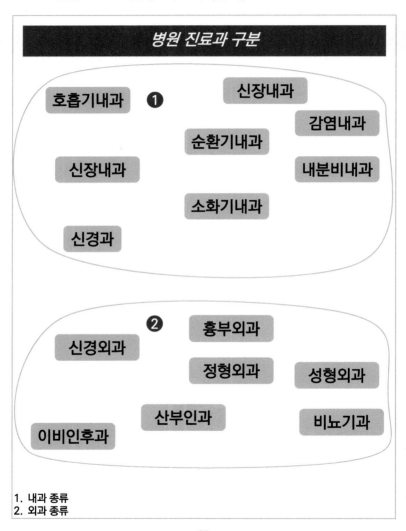

1. 내과 종류
2. 외과 종류

1. SWOT 분석
2. STEEP 분석
3. 3C 분석

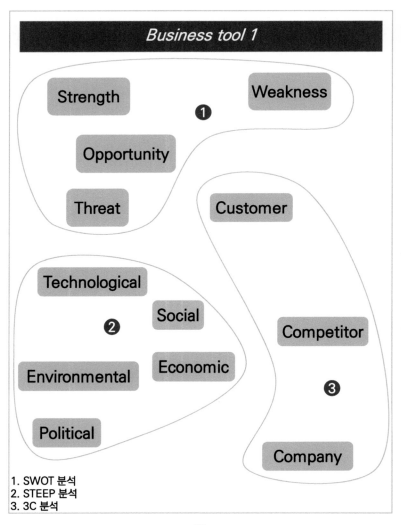

1. SWOT 분석
2. STEEP 분석
3. 3C 분석

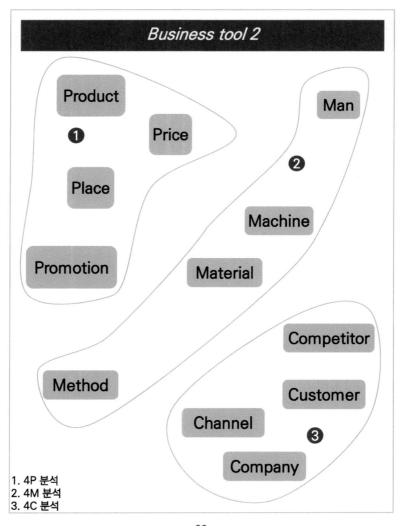

1. 4P 분석
2. 4M 분석
3. 4C 분석

기업 유형별

Samsung

Boeing

Apple

Airbus

HUAWEI

DHL

united technologies

UPS

FedEx

1. 스마트폰 회사
2. 항공기 회사
3. 운송 회사

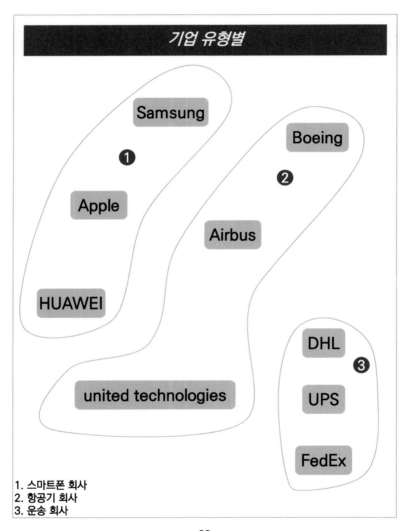

1. 스마트폰 회사
2. 항공기 회사
3. 운송 회사

MECE 연습 3 - 어울리는 것 고르기 (기초)

how to practice

연속된 점선 박스의 내용과 어울리는 단어를
골라주세요.

손오공   저팔계

삼장법사

사오정

아반테   소나타

지프

그렌져

삼장법사

손오공　　　저팔계

사오정

지프

아반테　　　소나타

그렌져

스위스

한국

중국

일본

Excel

Word

PPT

Photoshop

꼬리

머리　　가슴

배

영국

미국　　캐나다

멕시코

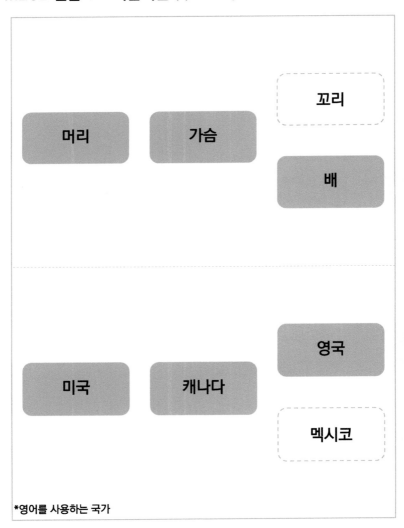

꼬리

머리

가슴

배

영국

미국

캐나다

멕시코

*영어를 사용하는 국가

부산	대구	인천	울산
광주	대전		제주

태평양	남극해	적도해
		터키양
북극해	대서양	인도양

부산 대구 인천 울산

광주 대전 제주

태평양 남극해 적도해

터키양

북극해 대서양 인도양

언제　　어디서

하지만

누구와

왜

어떻게　　무엇을

일본　　영국　　필리핀

뉴질랜드

독일

언제

어디서

하지만

누구와

왜

어떻게

무엇을

뉴질랜드

일본

영국

필리핀

독일

*모든 영토가 섬으로 구성된 국가

시각	청각	감성
촉각	미각	이성
		후각

신맛	쓴맛	죽을 맛
짠맛	감칠맛	단맛
		꿀맛

시각 청각

감성

이성

촉각 미각

후각

신맛 쓴맛

죽을 맛

짠맛 감칠맛

단맛

꿀맛

반지	목걸이	팔찌	귀걸이
			패딩
			양말

					드럼
가야금	대금	거문고	해금	피리	피아노
					기타
					아쟁
					색소폰

쥐	소	호랑이	토끼
용	뱀	말	양
원숭이	닭	개	?

하마	코알라	개미	나비
나무늘보	북극곰	돼지	사자
치타	기린	악어	돌고래

쥐	소	호랑이	토끼
용	뱀	말	양
원숭이	닭	개	?

하마	코알라	개미	나비
나무늘보	북극곰	돼지	사자
치타	기린	악어	돌고래

자	축	인	묘
진	사	오	미
신	유	?	해

가	국	평	호
김	동	춤	성
술	토	명	고

자	축	인	묘
진	사	오	미
신	유	?	해

가	국	평	호
김	동	춤	성
술	토	명	고

어울리는 것 고르기 (심화)

태양계 행성

목성

특성

수성　금성　지구　화성　완성　토성　천왕성　해왕성

총성

조성

아시아에 속한 국가

호주

칠레

대한민국　　인도　　터키

몽골

프랑스

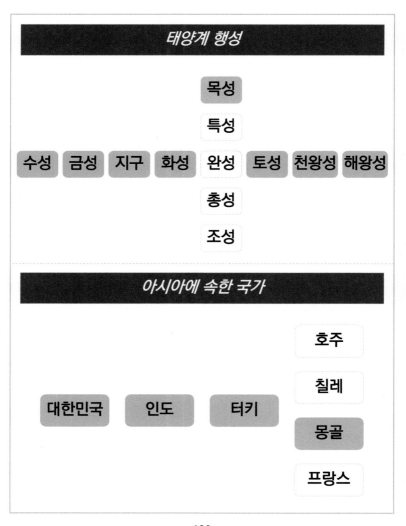

태양계 행성

목성
특성
수성　금성　지구　화성　완성　토성　천왕성　해왕성
총성
조성

아시아에 속한 국가

호주
칠레
대한민국　인도　터키
몽골
프랑스

부피 단위

km

ℓ

mm³　cm³　mg　m³　ml　cl　dl　l　hl

t

g

북한 행정구역

속도

은장도

함경도　　평안도　　황해도　　자강도　제주도

충청도

량강도

부피 단위

km

ℓ

mm³　cm³　mg　m³　ml　cl　dl　l　hl

t

g

북한 행정구역

속도

은장도

함경도　평안도　황해도　자강도　제주도

충청도

량강도

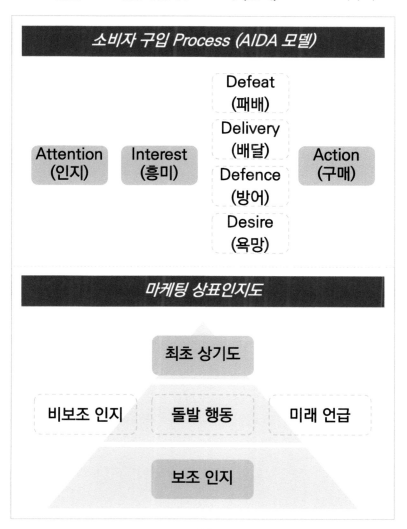

소비자 구입 Process (AIDA 모델)

Defeat (패배)

Delivery (배달)

Defence (방어)

Attention (인지)

Interest (흥미)

Desire (욕망)

Action (구매)

마케팅 상표인지도

최초 상기도

특정 제품군에서
그 브랜드를 맨 처음으로
회상하는 단계

비보조 인지

돌발 행동

미래 언급

특정 제품군을 말하면
그 브랜드를 회상하는 단계

보조 인지

브랜드 명을 제시하면
아는 단계

코틀러 5가지 고객 가치

Start
(시작)

Score
(점수)

Benefits   Quality   Service   Experience   Price
(편익)   (품질)   (서비스)   (경험)   (가격)

Society
(사회)

아이디어 도출 기법

근의공식

만다르트

SCAMPER   MECE   Mindmap   두음법칙

가위바위보

뉴턴법칙

MECE 연습 4 – 알맞게 매칭하기 (기초)

how to practice

로직트리 빈칸에 어울리는 단어를 알맞게 매칭해
주세요.

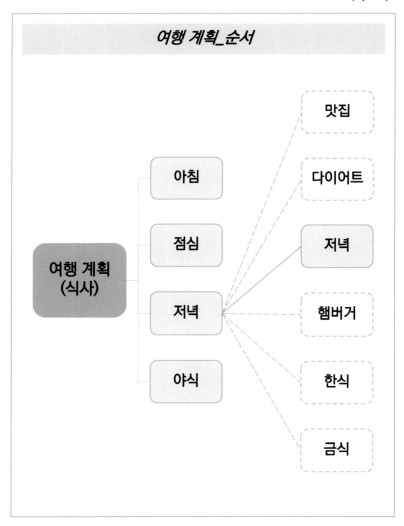

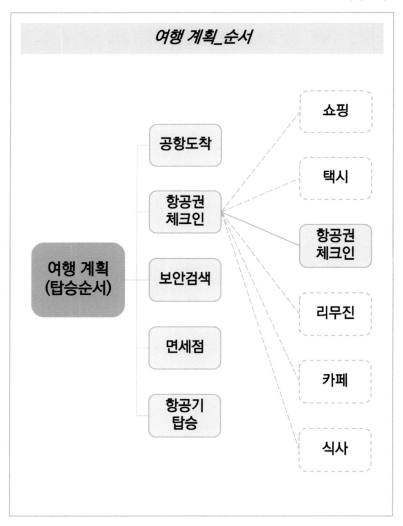

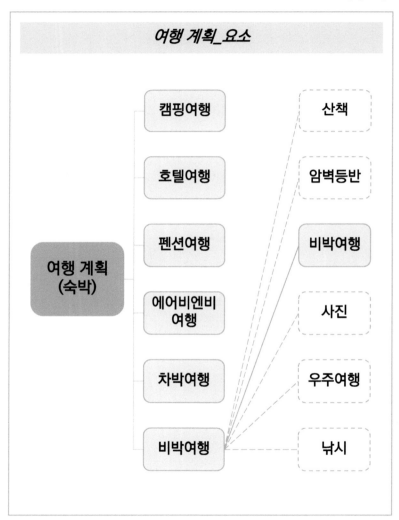

여행 계획_요소

여행 계획
(목적)

- 등산여행
- ?
- 문화체험여행
- 식도락여행
- 카지노여행

- 맛집
- 여행
- 효도여행
- 파티
- 스피드
- 분리수거

여행 계획_지역

한국

해외

?

제주도

일본

동남아

여행 계획
(나라)

독일

국내

캐나다

해외

인도

미국

책 분류_이해관계자

- 책 분류 (저자)
  - ?
    - 대가
    - 유령
    - 가격
    - 유명작가
    - 몰입감
    - 가독성
  - 신인작가
  - 무명작가

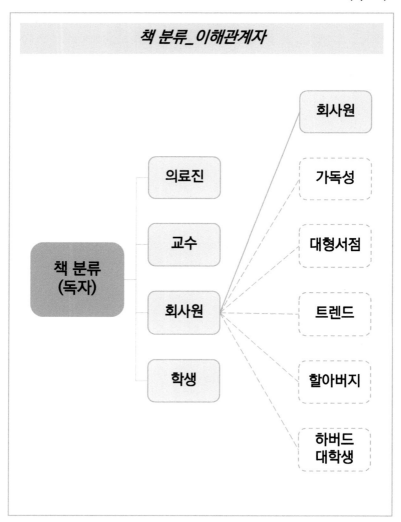

책 분류_이해관계자

책 분류_순서

책 분류
(시대)

고전

?

21세기

인쇄

현대

유의미한

저자

보존상태

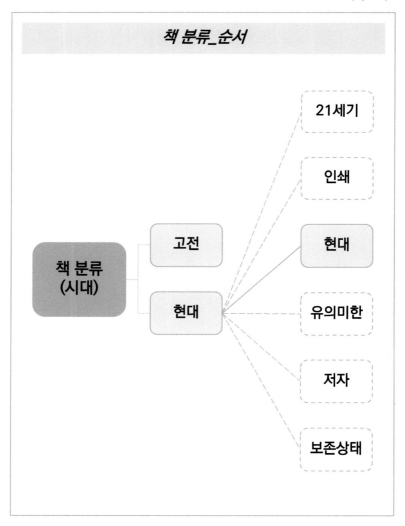

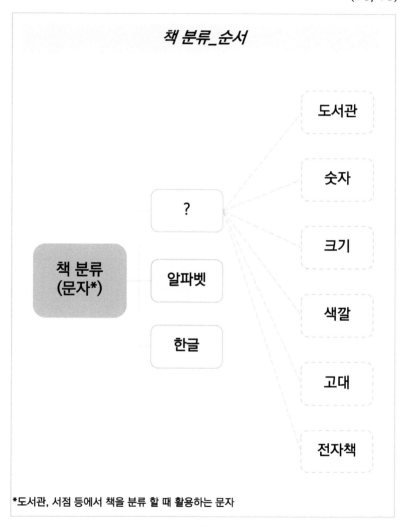

책 분류_순서

도서관

숫자

?

크기

책 분류
(문자*)

알파벳

색깔

한글

고대

전자책

*도서관, 서점 등에서 책을 분류 할 때 활용하는 문자

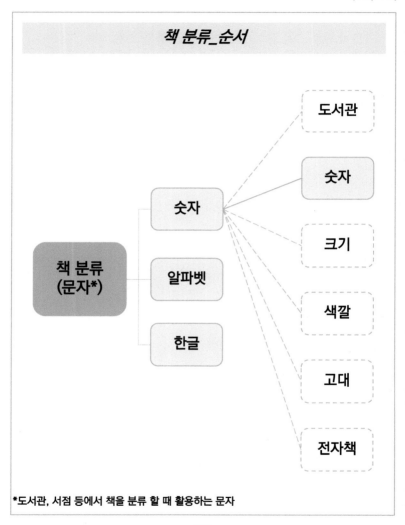

책 분류_순서

책 분류 (문자*)
- 숫자
- 알파벳
- 한글

숫자
- 도서관
- 숫자
- 크기
- 색깔
- 고대
- 전자책

*도서관, 서점 등에서 책을 분류 할 때 활용하는 문자

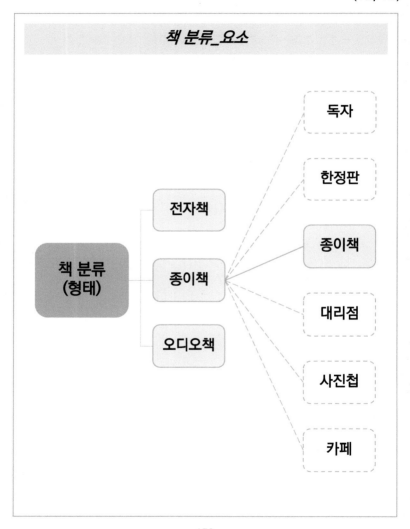

책 분류_단계

책 분류
(판매실적)

인기도서

?

비인기
도서

성경

일반도서

대형서점

그림

해리포터

글로벌

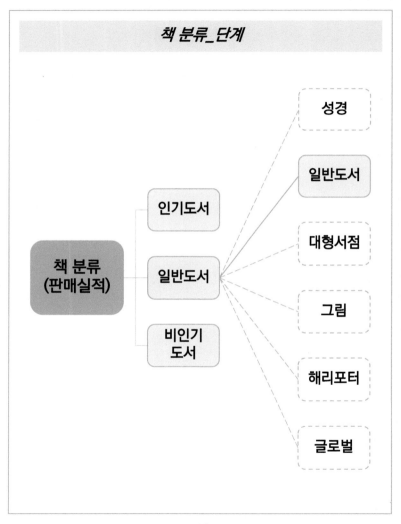

책 분류_단계

책 분류
(판매실적)

- 인기도서
- 일반도서
- 비인기 도서

일반도서
- 성경
- 일반도서
- 대형서점
- 그림
- 해리포터
- 글로벌

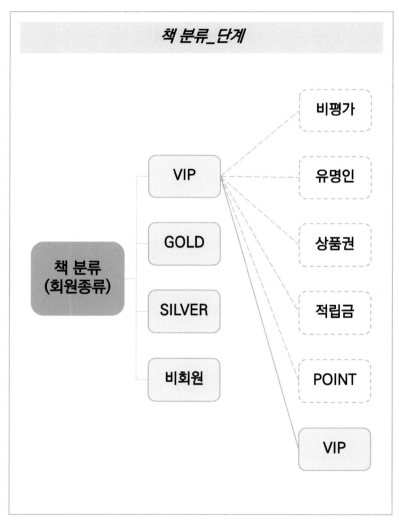

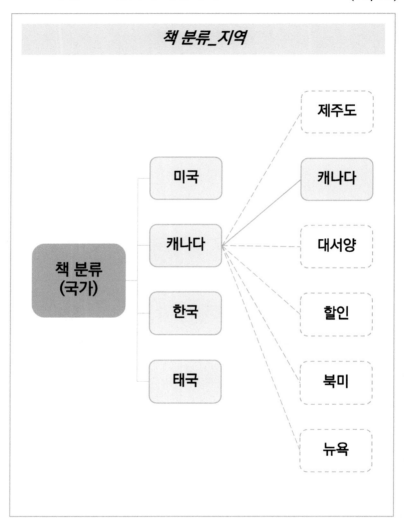

책 분류_지역

책 분류
(지역)

수도권

?

한국

LA

아시아

해변

비수도권

1호선

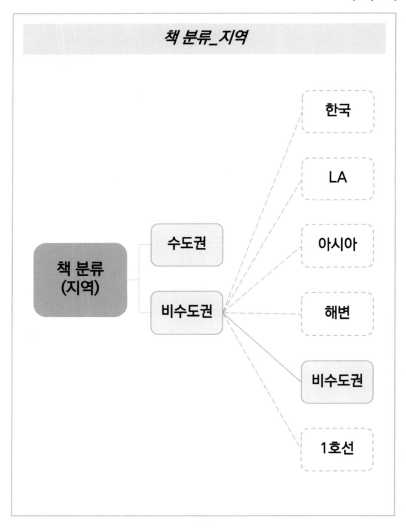

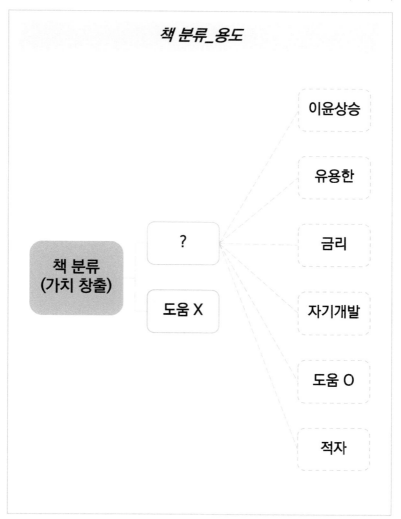

책 분류_용도

책 분류
(가치 창출)

?

도움 X

이윤상승

유용한

금리

자기개발

도움 O

적자

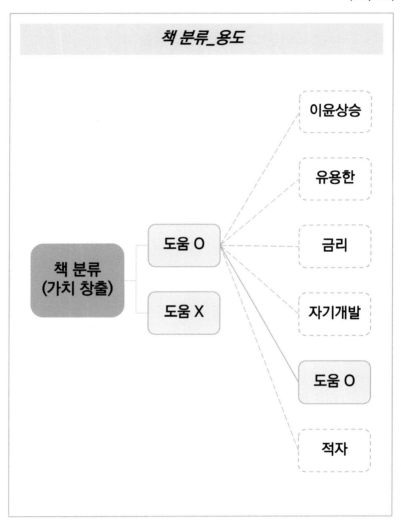

책 분류_용도

책 분류
(가치 창출)

도움 O

도움 X

이윤상승

유용한

금리

자기개발

도움 O

적자

알맞게 매칭하기 - 심화

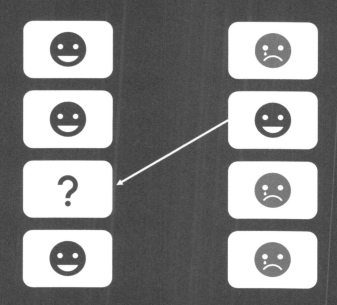

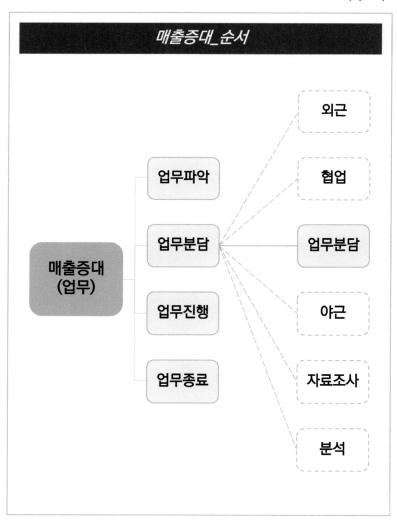

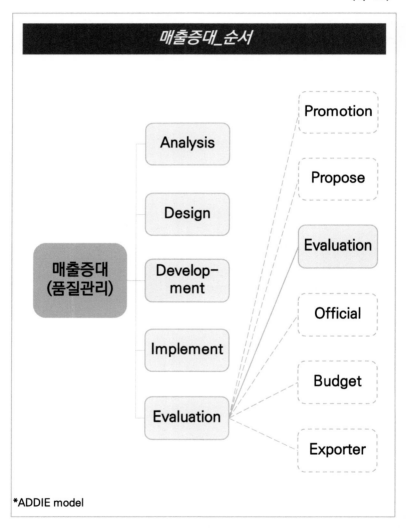

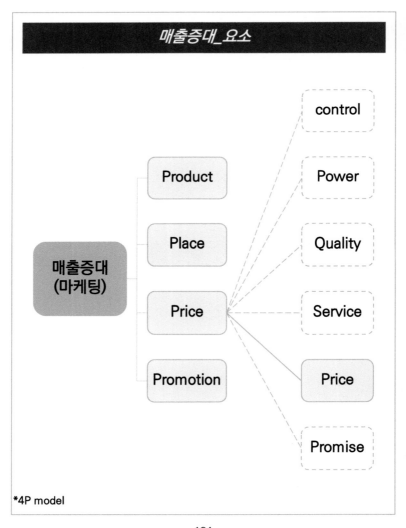

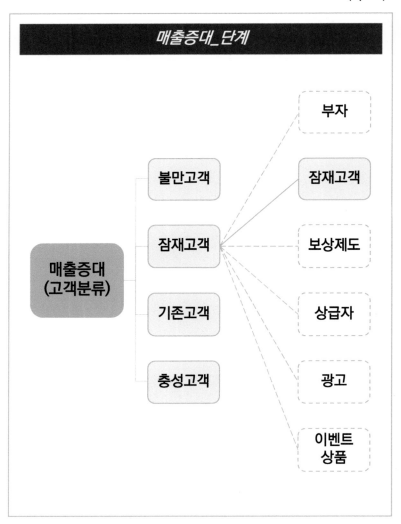

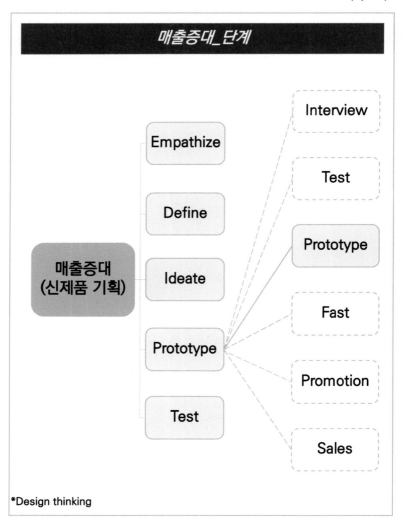

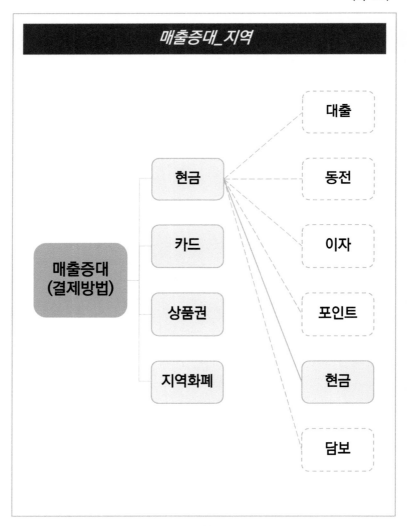

매출증대_지역

성별 → 교육가

? → 자전거

매출증대
(인구통계
변수)

경제활동
상태 → 광고

주거형태 → 공인

결혼여부 → 나이

자녀유무 → MBTI

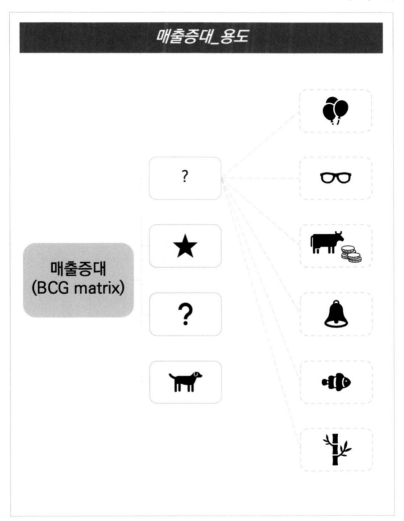

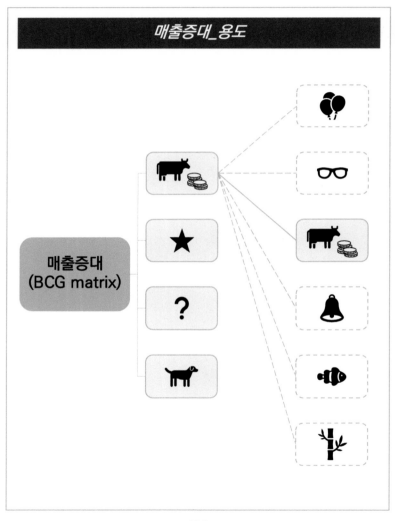

MECE 연습 5 –
어울리지 않는 문장 고르기 (기초)

how to practice

여러 개의 문장 중
어울리지 않는 문장을 골라 주세요.

여행계획_지역

국가		
	한국	서울
		제주도
	미국	뉴욕
		필라델피아
	베트남	호치민
		다낭
	케냐	나이로비
		케냐 한국 대사관

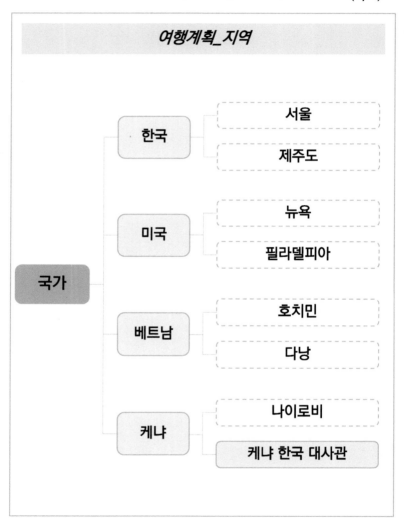

책 분류 시_요소

장르		
	철학	동양철학, 서양철학
	종교	불교, 기독교, 힌두교
	사회과학	통계학, 경제학, 정치학
	역사	고구려, 백제, 신라
	언어	한국어, 중국어, 일본어
	예술	조각, 서예, 음악

책 분류 시_요소

장르	
철학	동양철학, 서양철학
종교	불교, 기독교, 힌두교
사회과학	통계학, 경제학, 정치학
역사	고구려, 백제, 신라
언어	한국어, 중국어, 일본어
예술	조각, 서예, 음악

여행계획

식사

아침
- 숙소와 가까운 식당에서 먹습니다.
- 숙소에서 조식을 먹습니다.

점심
- 유명 레스토랑에서 먹습니다.
- 백종원의 파스타집을 갑니다.

저녁
- 바다가 보이는 술집에서 먹습니다.
- 지역 전통시장에서 먹습니다.

야식
- 숙소근처 술집에서 먹습니다.
- 숙소 야외테라스에서 먹습니다.

여행계획

식사

아침
- 숙소와 가까운 식당에서 먹습니다.
- 숙소에서 조식을 먹습니다.

점심
- 유명 레스토랑에서 먹습니다.
- 백종원의 파스타집을 갑니다.

저녁
- 바다가 보이는 술집에서 먹습니다.
- 지역 전통시장에서 먹습니다.

야식
- 숙소근처 술집에서 먹습니다.
- 숙소 야외테라스에서 먹습니다.

책 분류 시

VIP
- 누적 500권 이상 구매해야 합니다.
- 도서 할인율 20%를 받습니다.

GOLD
- 누적 100권 이상 구매해야 합니다.
- 도서 할인율 10%를 받습니다.

회원 등급

SILVER
- 누적 10권 이상 구매해야 합니다.
- 도서 할인율 5%를 받습니다.

비회원
- 누적 1000권 이상 구매해야 합니다.
- 도서할인율 50%를 받습니다.

책 분류 시

회원 등급

VIP
- 누적 500권 이상 구매해야 합니다.
- 도서 할인율 20%를 받습니다.

GOLD
- 누적 100권 이상 구매해야 합니다.
- 도서 할인율 10%를 받습니다.

SILVER
- 누적 10권 이상 구매해야 합니다.
- 도서 할인율 5%를 받습니다.

비회원
- 누적 1000권 이상 구매해야 합니다.
- 도서할인율 50%를 받습니다.

어울리지 않는 문장 고르기 (심화)

Learning and Growth의 교육 사업 분석

포트
폴리오
분석

전통적으로 문제해결 과정은 수요와 니즈가 꾸준히 있습니다. 또한 이 과정은 앞으로도 지속적으로 회사의 Cashflow 창출에 기여할 것입니다.

서술형 보고서 작성법인 Narrative는 시대 흐름에 맞게 여러 기업에서 관심을 가지고 문의해오고 있습니다.

고객들은 Market Intelligence 교육 니즈가 있는 것 같지만, 우리 과정은 잘 알려져 있지 않아 추가 논의가 필요합니다.

Process innovation은 제조공정이 있는 특수한 기업에서만 교육을 의뢰하기 때문에 관련 도서를 더 많이 집필해야 합니다.

*BCG matrix

Learning and Growth의 교육 사업 분석

포트 폴리오 분석

전통적으로 문제해결 과정은 수요와 니즈가 꾸준히 있습니다. 또한 이 과정은 앞으로도 지속적으로 회사의 Cashflow 창출에 기여할 것입니다.

서술형 보고서 작성법인 Narrative는 시대 흐름에 맞게 여러 기업에서 관심을 가지고 문의해오고 있습니다.

고객들은 Market Intelligence 교육 니즈가 있는 것 같지만, 우리 과정은 잘 알려져 있지 않아 추가 논의가 필요합니다.

Process innovation은 제조공정이 있는 특수한 기업에서만 교육을 의뢰하기 때문에 관련 도서를 더 많이 집필해야 합니다.

*BCG matrix에서 Dog는 매력적이지 않아 보통 철수를 검토하거나, 어떻게 하면 활성화할 수 있는지 고민하는 하는 영역입니다. 그렇기에 도서 관련 내용은 개연성이 부족합니다.

소비자의 구매의사결정 과정

소비자

문제 인식
사용하고 있는 마우스는 연결 선이 짧아 움직이는 데 불편합니다. 그래서 무선 마우스의 필요성을 느꼈습니다.

정보 탐색
유튜브를 통해 무선마우스 추천 영상을 찾아봅니다.

대안 평가
영상을 통해 습득한 정보로 내구성이 튼튼하기로 유명한 A제품을 선택합니다.

구매 결정
최저가를 찾기 위해 오프라인과 온라인 별로 가격을 비교 했습니다.

구매 후 행동
구매한 무선마우스는 사용감이 기대이상으로 좋아 판매처 게시판에 높은 평점과 좋은 리뷰를 남겼습니다.

소비자의 구매의사결정 과정

소비자

문제 인식	사용하고 있는 마우스는 연결 선이 짧아 움직이는 데 불편합니다. 그래서 무선 마우스의 필요성을 느꼈습니다.
정보 탐색	유튜브를 통해 무선마우스 추천 영상을 찾아봅니다.
대안 평가	영상을 통해 습득한 정보로 내구성이 튼튼하기로 유명한 A제품을 선택합니다.
구매 결정	최저가를 찾기 위해 오프라인과 온라인 별로 가격을 비교 했습니다.
구매 후 행동	구매한 무선마우스는 사용감이 기대이상으로 좋아 판매처 게시판에 높은 평점과 좋은 리뷰를 남겼습니다.

*구매결정의 예시가 오답인 이유는 대안평가 방법과 의미가 겹칠 수 있기 때문입니다. 그렇기 때문에 '카드와 계좌이체 중에 모바일 카드결제를 통해 구매했습니다.' 등의 구매결정에 관한 답이 들어가야 합니다.

경쟁사 제품을 분석할 때

| Product | A치약과 자사 치약의 제형, 포장 차이를 분석한다. |

| Price | A치약의 원재료 중 a성분 함유량에 대해 분석한다. |

4P

| Place | A치약의 오프라인과 온라인 플랫폼 판매실적을 분석한다. |

| Promotion | A치약이 주로 활용하는 광고 채널에 대해 분석한다. |

경쟁사 제품을 분석할 때

4P

Product
A치약과 자사 치약의
제형, 포장 차이를 분석한다.

Price
A치약의 원재료 중 a성분
함유량에 대해 분석한다.

Place
A치약의 오프라인과
온라인 플랫폼
판매실적을 분석한다.

Promotion
A치약이 주로 활용하는
광고 채널에 대해 분석한다.

*가격요소에 대한 분석으로 함유량에 대한 것은 분류와 맞지 않습니다.
그렇기 때문에 'A치약의 g당 원가에 대해 분석한다' 등의 가격분석과 관련된 답이
들어가야 합니다.

MECE 연습 6 –
Magic 3 이해하기

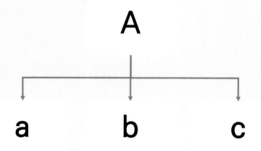

how to practice

빈칸에 어울리는 정답을 찾아주세요.

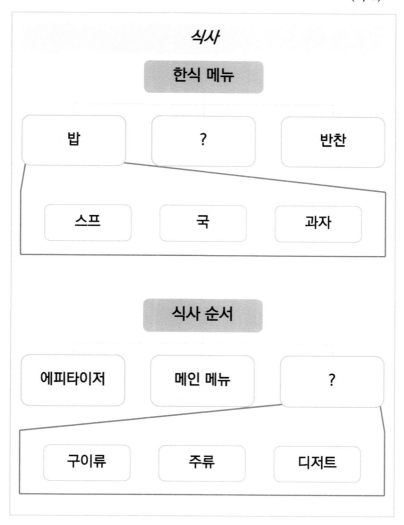

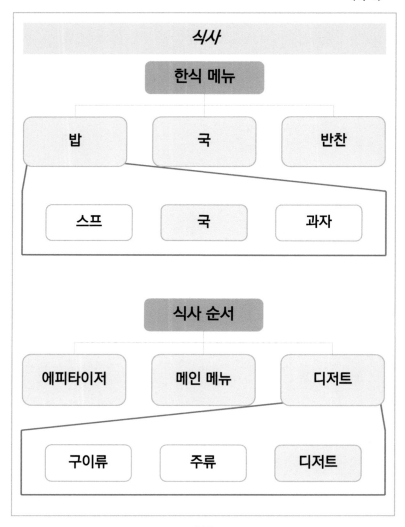

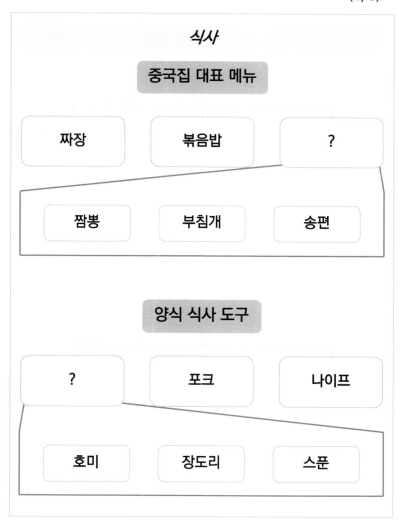

식사

중국집 대표 메뉴

| 짜장 | 볶음밥 | ? |

| 짬뽕 | 부침개 | 송편 |

양식 식사 도구

| ? | 포크 | 나이프 |

| 호미 | 장도리 | 스푼 |

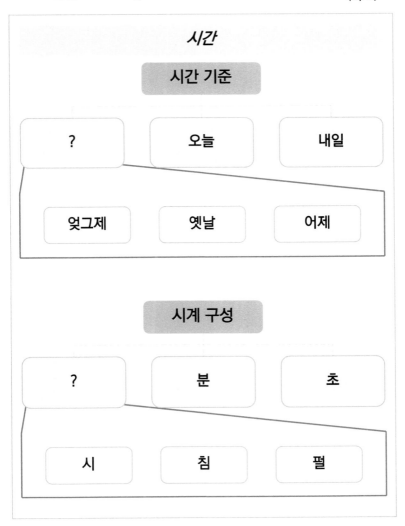

시간

시간 기준

| ? | 오늘 | 내일 |

| 엊그제 | 옛날 | 어제 |

시계 구성

| ? | 분 | 초 |

| 시 | 침 | 펄 |

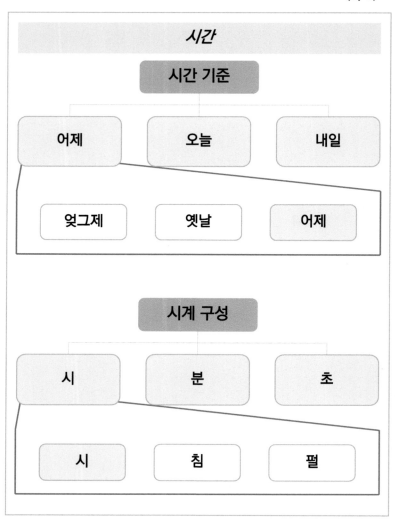

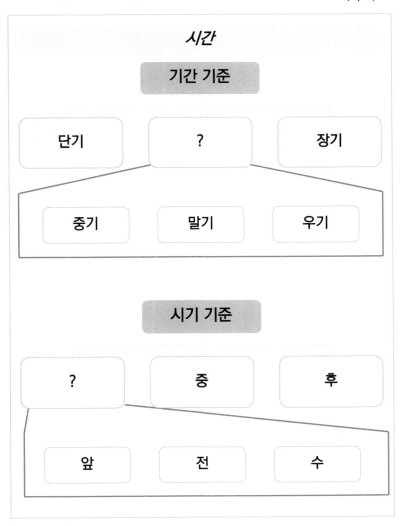

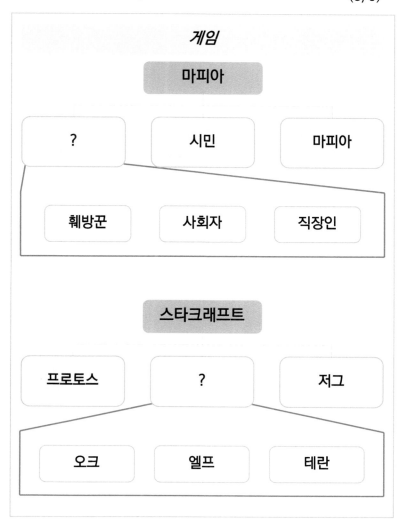

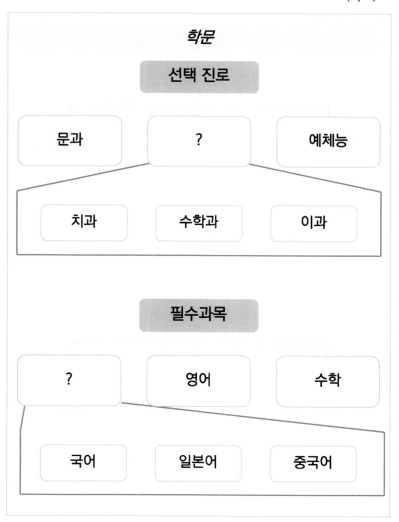

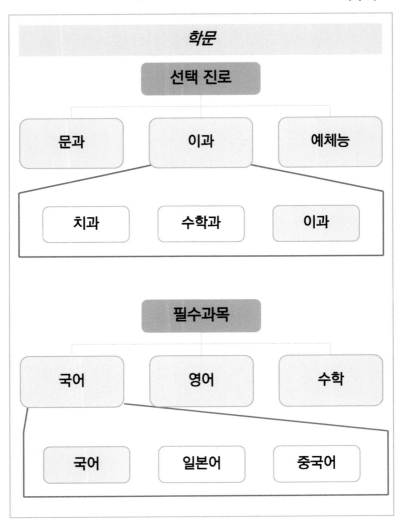

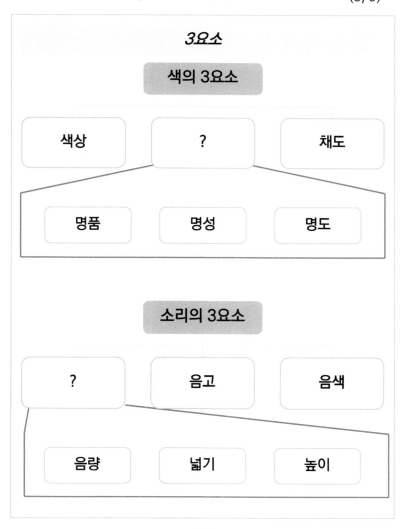

3요소

색의 3요소

| 색상 | ? | 채도 |

명품   명성   명도

소리의 3요소

| ? | 음고 | 음색 |

음량   넓기   높이

3장
일상 속 MECE

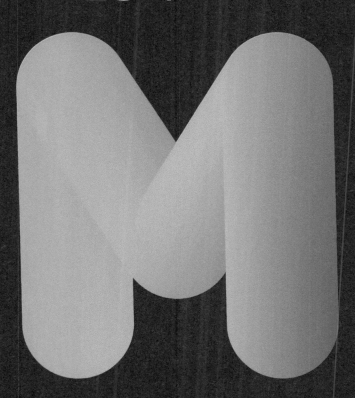

일상 속 MECE

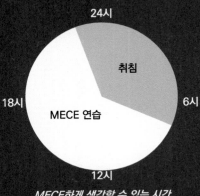

MECE하게 생각할 수 있는 시간

MECE의 숙련도를 높이는 방법은 평소에 보이는 모든 것들을 부단히 나눠보는 연습을 하는 것입니다. 밥 먹으면서도 흰 색의 쌀밥, 빨간 색의 국, 노란색의 나물, 검은색의 김 등 색으로나 나눠보고 칼로리별로도 나눠보고 영양성분별로도 나눠보고 중량으로도 나눠보는 것입니다.

차를 타고 이동하면서 도로에 보이는 자동차들도 제조국가별, 배기량별, 브랜드별, 용도별, 번호판의 끝자리별로 나눠보는 것입니다. 이게 어려우면 앞서 언급한 '있다'와 '없다'의 2가지로 구분되는 것부터 시작해도 좋습니다.

안경을 쓴 사람과 안 쓴 사람, 시계를 찬 사람과 차지 않은 사람, 목걸이나 귀걸이 등 장신구를 한 사람과 하지 않은 사람 등으로 이분화시켜 바라보는 것입니다.

이와 같이 평소에 관찰할 수 있는 것부터 연습을 많이 하다보면, 어느 순간 업무 관련 문제를 해결할 때도 MECE하게 생각하는 자신을 발견할 수 있습니다.

Learning and Growth E book 시리즈 소개

MECE 비즈니스
워크북

MECE 비즈니스
워크북

MECE 워크북
국내선 이용 편

MECE 워크북
영화 관람 편

MECE 워크북
점심식사 편

트리즈
워크북 1
쪼개기 편

트리즈
워크북 2
추출 편

스캠퍼
워크북

형태분석법
워크북

유니버설 디자인
워크북

비즈니스 매너
워크북

바른 문장
워크북

Ballpark
워크북

병원 산업
워크북

프로젝트
리더십

저 신입인데
이거 물어봐도 되나요?

한 권으로
끝내는 OJT

워킹백워드
워크북

역량 UP 워크북, 임직원 기업교육은

Learning & Growth

교육컨텐츠 더보기

워크북 더보기

Learning and Growth가 궁금하신 분들은 홈페이지를 방문해주세요.

MECE 워크북 – 에디션 2

저자명: 러닝앤그로스

출판사: 작가와

EMAIL: welcome@jakkawa.com

종이책 출판일: 2024-04-15

종이책 판매가: 15,300 원

종이책 ISBN: 979-11-7188-998-3

15,300원

979-11-7188-998-3